Afaste-se!

DIÁRIO SECRETO

SÓ PARA MENINOS

REGISTRO PESSOAL DE UM CARA LEGAL, NO CASO EU! SE VOCÊ NÃO ME CONHECE FIQUE LONGE DESSE DIÁRIO.

PROGRAMEI PARA EXPLODIR EM 30 SEGUNDOS!!!

IDENTIFICANDO O CARA

Nome:_____

_____

_____
Assinatura

Data de Hoje:_____/_____/_____

Minha Idade:_____

Meu Nível:_____/_____/_____

Lugar onde Nasci:

_____

Apelido:_____

Meu NOME nos JOGOS on-line:

_____

ESSE SOU EU... GATO HEIN!!!

INFORMAÇÕES IMPORTANTES SOBRE MIM.

🎓 ESTUDO _____.

💬 SE PUDESSE, MUDARIA MEU NOME PARA: _____.

💭 MEUS AMIGOS ME CHAMAM DE _____.

🎨 NA ESCOLA O QUE EU MAIS CURTO FAZER É _____.

☣️ NA ESCOLA O QUE EU MAIS ODEIO FAZER É _____.

⏱️ MEU PASSATEMPO PREFERIDO É _____.

🌭 MINHA COMIDA FAVORITA É _____.

E SIMMM, EU TOMO BANHO TODOS OS DIAS!

RELAÇÃO DE MINHAS PREFERÊNCIAS

AMO fazer	ODEIO fazer

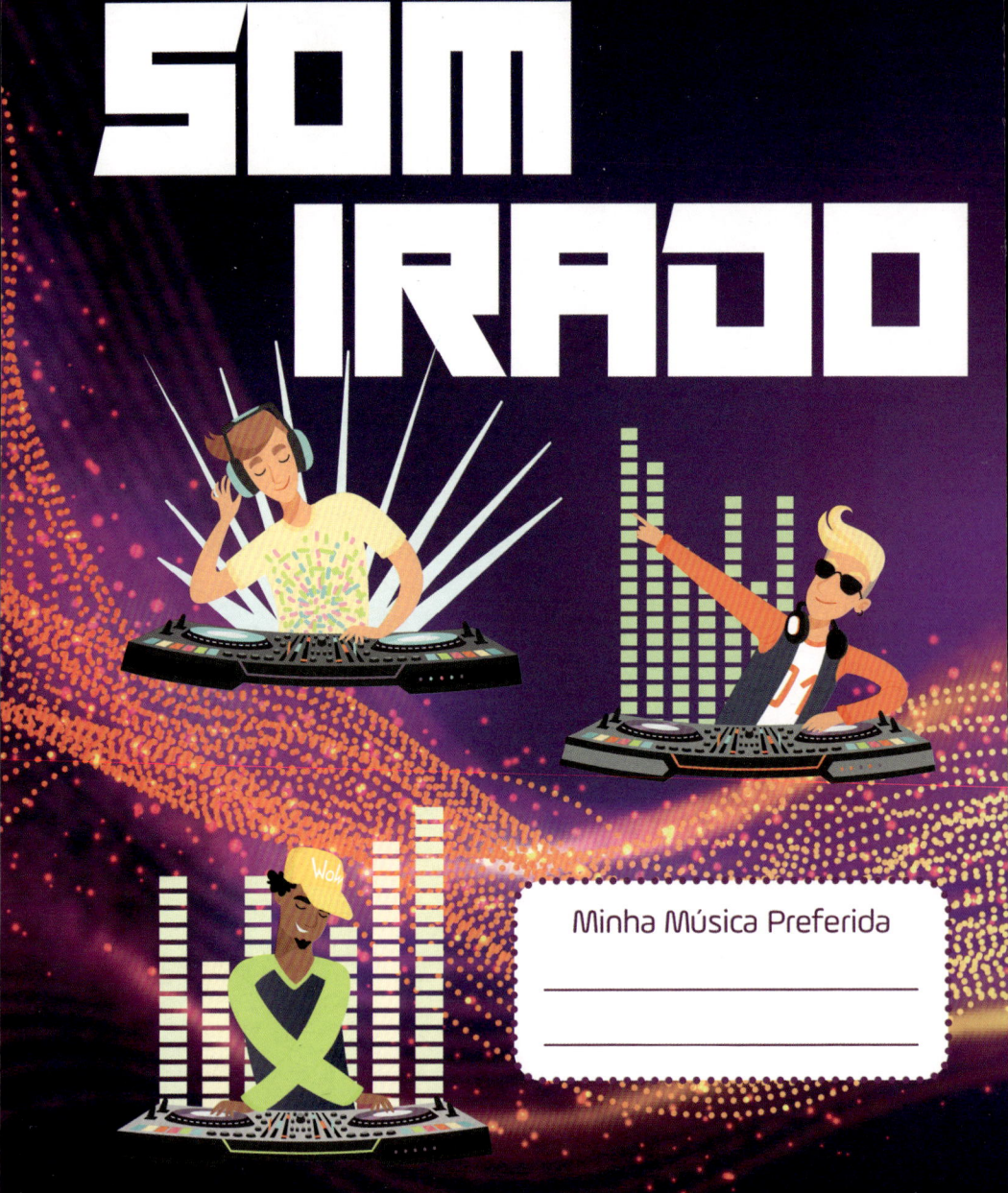

RELAÇÃO DE MINHAS PREFERÊNCIAS

AMO ouvir	ODEIO ouvir

RELAÇÃO DE MINHAS PREFERÊNCIAS

FAVORITOS	EU NÃO CURTO

AO TIME DO MEU CORAÇÃO

Torço para

A melhor jogada do meu time

_____ x _____

GANHOU CLARO!!!

Melhor Gol_____

Meu jogador favorito_____

POSE COM A CAMISA DO MEU TIME!!!

FOTO

ESCOLHI TORCER POR ESSE TIME PORQUE...

Minha melhor Viagem

Foi para: _____

Coisas iradas que aconteceram:

_____
_____
_____
_____
_____

Pessoas que estavam comigo:

_____
_____
_____
_____
_____

Minha pior Viagem

Foi para: _____

Coisas horríveis que aconteceram:

_____
_____
_____
_____
_____
_____

Pessoas que estavam comigo:

_____
_____
_____
_____
_____
_____

SELEÇÃO DE COISAS QUE GOSTO MUITO!!!

MEUS CARROS PREFERIDOS SÃO:

_____

_____

_____

_____

_____

O QUE EU TERIA COM CERTEZA:

_____

SELEÇÃO DE COISAS QUE GOSTO MUITO!!!

MOTOS – ESSAS SÃO RADICAIS:

_____

_____

_____

_____

_____

O QUE EU TERIA COM CERTEZA:

_____

SELEÇÃO DE COISAS QUE GOSTO MUITO!!!

JOGOS DE VÍDEO GAME:

_____

_____

_____

_____

MEU JOGO PREFERIDO:

_____

ESSE EU QUERO MUITO, MAS AINDA NÃO TENHO:

_____

RANKING DAS MELHORES JOGADAS

PLAYSTATION

1º _____
2º _____
3º _____
4º _____
5º _____
6º _____
7º _____
8º _____
9º _____
10º _____

RANKING DAS MELHORES JOGADAS

XBOX

1º _____
2º _____
3º _____
4º _____
5º _____
6º _____
7º _____
8º _____
9º _____
10º _____

COISAS MAIS IRADAS QUE FIZEMOS JUNTOS

ESCALANDO MEU TIME!!!

Esse seria meu DREAM TIME

JOGADORES	POSIÇÕES

ANOTAÇÕES SECRETAS • DATA: ___/___/___

ANOTAÇÕES SECRETAS • DATA: ___/___/___

ANOTAÇÕES SECRETAS • DATA: ___/___/___

ANOTAÇÕES SECRETAS • DATA: ____/____/____

ANOTAÇÕES SECRETAS · DATA: ____/____/____

ANOTAÇÕES SECRETAS • DATA: ___/___/___

ANOTAÇÕES SECRETAS • DATA: ____/____/____

ANOTAÇÕES SECRETAS • DATA: ___/___/___

ANOTAÇÕES SECRETAS • DATA: ___/___/___

ANOTAÇÕES SECRETAS • DATA: ___/___/___

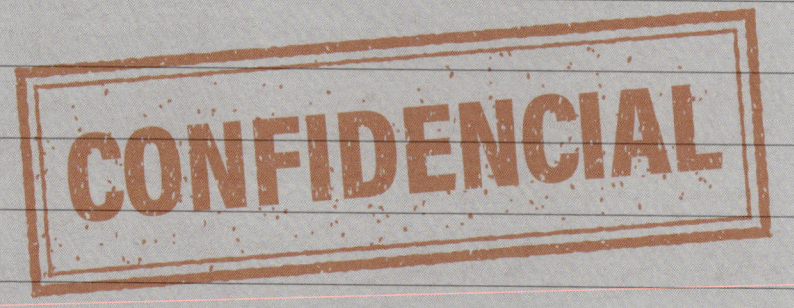

ANOTAÇÕES SECRETAS • DATA: ___/___/___

CONFIDENCIAL

ANOTAÇÕES SECRETAS • DATA: ___/___/___

CONFIDENCIAL

ANOTAÇÕES SECRETAS • DATA: ___/___/___

CONFIDENCIAL

ANOTAÇÕES SECRETAS • DATA: ____/____/____

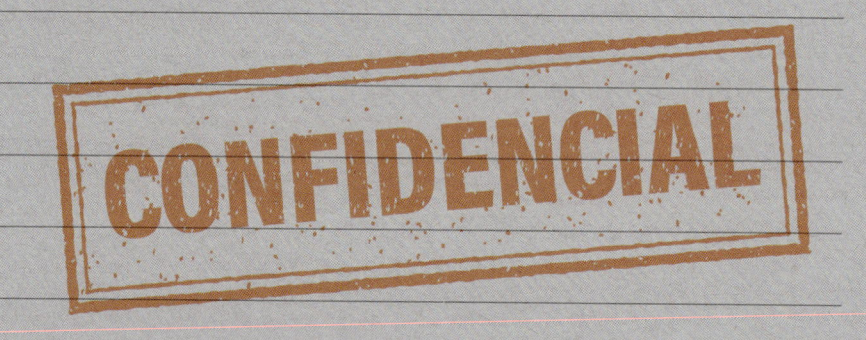

CONFIDENCIAL

ANOTAÇÕES SECRETAS • DATA: ___/___/___

ANOTAÇÕES SECRETAS • DATA: ____/____/____

CONFIDENCIAL

ANOTAÇÕES SECRETAS • DATA: ___/___/___

CONFIDENCIAL

ANOTAÇÕES SECRETAS • DATA: ____/____/____

ANOTAÇÕES SECRETAS • DATA: ___/___/___

CONFIDENCIAL

ANOTAÇÕES SECRETAS • DATA: ____/____/____

CONFIDENCIAL

ANOTAÇÕES SECRETAS • DATA: ___/___/___

~~CONFIDENCIAL~~

ANOTAÇÕES SECRETAS · DATA: ___/___/___

ANOTAÇÕES SECRETAS • DATA: ___/___/___

ANOTAÇÕES SECRETAS • DATA: ___/___/___

CONFIDENCIAL

ANOTAÇÕES SECRETAS • DATA: ____/____/____

CONFIDENCIAL

ANOTAÇÕES SECRETAS • DATA: ____/____/____

CONFIDENCIAL

ANOTAÇÕES SECRETAS • DATA: ___/___/___

ANOTAÇÕES SECRETAS • DATA: ____/____/____

ANOTAÇÕES SECRETAS • DATA: ____/____/____

CONFIDENCIAL

ANOTAÇÕES SECRETAS • DATA: ____/____/____

CONFIDENCIAL

ANOTAÇÕES SECRETAS • DATA: ___/___/___

ANOTAÇÕES SECRETAS • DATA: ____/____/____

ANOTAÇÕES SECRETAS • DATA: ___/___/___

CONFIDENCIAL

ANOTAÇÕES SECRETAS • DATA: ____/____/____

ANOTAÇÕES SECRETAS • DATA: ___/___/___

ANOTAÇÕES SECRETAS · DATA: ___/___/___

ANOTAÇÕES SECRETAS • DATA: ___/___/___

CONFIDENCIAL

Afaste-se!